TRANZLATY
Language is for everyone
Jezik je za vse

Beauty and the Beast

Lepotica in Zver

Gabrielle-Suzanne Barbot de Villeneuve

English / Slovenščina

Copyright © 2025 Tranzlaty
All rights reserved
Published by Tranzlaty
ISBN: 978-1-83566-990-7
Original text by Gabrielle-Suzanne Barbot de Villeneuve
La Belle et la Bête
First published in French in 1740
Taken from The Blue Fairy Book (Andrew Lang)
Illustration by Walter Crane
www.tranzlaty.com

There was once a rich merchant
Nekoč je bil bogat trgovec
this rich merchant had six children
ta bogati trgovec je imel šest otrok
he had three sons and three daughters
imel je tri sinove in tri hčere
he spared no cost for their education
ni varčeval s stroški za njihovo izobraževanje
because he was a man of sense
ker je bil razumen človek
but he gave his children many servants
svojim otrokom pa je dal veliko služabnikov
his daughters were extremely pretty
njegove hčere so bile izjemno lepe
and his youngest daughter was especially pretty
in njegova najmlajša hči je bila še posebej lepa
as a child her Beauty was already admired
že kot otrok so njeno lepoto občudovali
and the people called her by her Beauty
in ljudje so jo klicali po njeni lepoti
her Beauty did not fade as she got older
njena lepota ni zbledela, ko se je starala
so the people kept calling her by her Beauty
zato so jo ljudje klicali po njeni lepoti
this made her sisters very jealous
zaradi tega so njene sestre zelo ljubosumne
the two eldest daughters had a great deal of pride
najstarejši hčerki sta bili zelo ponosni
their wealth was the source of their pride
njihovo bogastvo je bilo vir njihovega ponosa
and they didn't hide their pride either
prav tako nista skrivala ponosa
they did not visit other merchants' daughters
drugih trgovskih hčera niso obiskovali
because they only meet with aristocracy
ker se srečajo le z aristokracijo

they went out every day to parties
vsak dan so hodili na zabave
balls, plays, concerts, and so forth
žoge, igre, koncerti itd
and they laughed at their youngest sister
in smejali so se svoji najmlajši sestri
because she spent most of her time reading
ker je večino časa preživela ob branju
it was well known that they were wealthy
vedelo se je, da so premožni
so several eminent merchants asked for their hand
zato jih je več uglednih trgovcev prosilo za roko
but they said they were not going to marry
pa sta rekla, da se ne bosta poročila
but they were prepared to make some exceptions
vendar so bili pripravljeni narediti nekaj izjem
"perhaps I could marry a Duke"
"Morda bi se lahko poročila z vojvodo"
"I guess I could marry an Earl"
"Mislim, da bi se lahko poročila z Earlom"
Beauty very civilly thanked those that proposed to her
Lepotica se je zelo civilizirano zahvalila tistim, ki so jo zasnubili
she told them she was still too young to marry
rekla jim je, da je še premlada za poroko
she wanted to stay a few more years with her father
želela je ostati še nekaj let pri očetu
All at once the merchant lost his fortune
Kar naenkrat je trgovec izgubil bogastvo
he lost everything apart from a small country house
izgubil je vse razen majhne podeželske hiše
and he told his children with tears in his eyes:
in svojim otrokom je s solzami v očeh rekel:
"we must go to the countryside"
"moramo iti na podeželje"
"and we must work for our living"

"in za preživetje moramo delati"
the two eldest daughters didn't want to leave the town
najstarejši hčerki nista hoteli zapustiti mesta
they had several lovers in the city
v mestu sta imela več ljubimcev
and they were sure one of their lovers would marry them
in bili so prepričani, da se bo eden od njihovih ljubimcev poročil z njima
they thought their lovers would marry them even with no fortune
mislili so, da se bodo njihovi ljubimci poročili z njimi tudi brez premoženja
but the good ladies were mistaken
a dobre dame so se zmotile
their lovers abandoned them very quickly
ljubimci so jih zelo hitro zapustili
because they had no fortunes any more
ker niso imeli več bogastva
this showed they were not actually well liked
to je pokazalo, da pravzaprav niso bili preveč všeč
everybody said they do not deserve to be pitied
vsi so rekli, da si ne zaslužijo pomilovanja
"we are glad to see their pride humbled"
"veseli smo, da je njihov ponos ponižan"
"let them be proud of milking cows"
"naj bodo ponosni na krave molze"
but they were concerned for Beauty
vendar jih je skrbela lepota
she was such a sweet creature
bila je tako sladko bitje
she spoke so kindly to poor people
tako prijazno je govorila revnim ljudem
and she was of such an innocent nature
in bila je tako nedolžne narave
Several gentlemen would have married her
Več gospodov bi se poročilo z njo

they would have married her even though she was poor
bili bi jo poročili, čeprav je bila revna
but she told them she couldn't marry them
vendar jim je rekla, da se ne more poročiti z njimi
because she would not leave her father
ker ne bi zapustila očeta
she was determined to go with him to the countryside
bila je odločena, da gre z njim na podeželje
so that she could comfort and help him
da bi ga potolažila in mu pomagala
Poor Beauty was very grieved at first
Uboga lepotica je bila sprva zelo žalostna
she was grieved by the loss of her fortune
bila je žalostna zaradi izgube svojega bogastva
"but crying won't change my fortunes"
"toda jok ne bo spremenil moje sreče"
"I must try to make myself happy without wealth"
"Moram se poskušati osrečiti brez bogastva"
they came to their country house
prišli so v svojo podeželsko hišo
and the merchant and his three sons applied themselves to husbandry
in trgovec in njegovi trije sinovi so se posvetili živinoreji
Beauty rose at four in the morning
lepotica je vstala ob štirih zjutraj
and she hurried to clean the house
in je hitela pospravljat hišo
and she made sure dinner was ready
in poskrbela je, da je bila večerja pripravljena
in the beginning she found her new life very difficult
na začetku se ji je novo življenje zdelo zelo težko
because she had not been used to such work
ker ni bila vajena takega dela
but in less than two months she grew stronger
a v manj kot dveh mesecih se je okrepila
and she was healthier than ever before

in bila je bolj zdrava kot kdaj koli prej
after she had done her work she read
ko je opravila svoje delo, je brala
she played on the harpsichord
igrala je na čembalo
or she sung whilst she spun silk
ali pa je pela, ko je sukala svilo
on the contrary, her two sisters did not know how to spend their time
nasprotno, njeni dve sestri nista znali preživljati časa
they got up at ten and did nothing but laze about all day
vstajali so ob desetih in ves dan počeli samo lenarjenje
they lamented the loss of their fine clothes
objokovali so izgubo svojih lepih oblačil
and they complained about losing their acquaintances
in pritoževali so se, da so izgubili poznanstva
"Have a look at our youngest sister," they said to each other
»Poglej si našo najmlajšo sestro,« sta si rekla
"what a poor and stupid creature she is"
"kako ubogo in neumno bitje je"
"it is mean to be content with so little"
"podlo je biti zadovoljen s tako malo"
the kind merchant was of quite a different opinion
prijazni trgovec je bil povsem drugačnega mnenja
he knew very well that Beauty outshone her sisters
dobro je vedel, da lepota prekaša njene sestre
she outshone them in character as well as mind
zasenčila jih je tako po značaju kot po umu
he admired her humility and her hard work
občudoval je njeno ponižnost in trdo delo
but most of all he admired her patience
najbolj pa je občudoval njeno potrpežljivost
her sisters left her all the work to do
njene sestre so ji prepustile vse delo
and they insulted her every moment
in vsak trenutek so jo žalili

The family had lived like this for about a year
Družina je tako živela približno eno leto
then the merchant got a letter from an accountant
potem je trgovec dobil pismo od računovodje
he had an investment in a ship
imel je naložbo v ladjo
and the ship had safely arrived
in ladja je varno prispela
this news turned the heads of the two eldest daughters
novica je obrnila glavo najstarejšima hčerkama
they immediately had hopes of returning to town
takoj so imeli upanje, da se vrnejo v mesto
because they were quite weary of country life
ker so bili precej utrujeni od podeželskega življenja
they went to their father as he was leaving
šli so k očetu, ko je odhajal
they begged him to buy them new clothes
prosili so ga, naj jim kupi nova oblačila
dresses, ribbons, and all sorts of little things
obleke, trakovi in vse mogoče malenkosti
but Beauty asked for nothing
a lepota ni zahtevala ničesar
because she thought the money wasn't going to be enough
ker je mislila, da denarja ne bo dovolj
there wouldn't be enough to buy everything her sisters wanted
ne bi bilo dovolj, da bi kupila vse, kar so želele njene sestre
"What would you like, Beauty?" asked her father
"Kaj bi rada, lepotica?" je vprašal oče
"thank you, father, for the goodness to think of me," she said
"hvala, oče, za dobroto, da misliš name," je rekla
"father, be so kind as to bring me a rose"
"oče, bodi tako prijazen in mi prinesi vrtnico"
"because no roses grow here in the garden"
"ker tu na vrtu ne rastejo vrtnice"
"and roses are a kind of rarity"

"in vrtnice so nekakšna redkost"
Beauty didn't really care for roses
lepotici ni bilo mar za vrtnice
she only asked for something not to condemn her sisters
prosila je samo za nekaj, da ne bi obsojala svojih sester
but her sisters thought she asked for roses for other reasons
njene sestre pa so mislile, da je prosila za vrtnice iz drugih razlogov
"she did it just to look particular"
"to je naredila samo zato, da bi izgledala posebno"
The kind man went on his journey
Prijazen mož je šel na pot
but when he arrived they argued about the merchandise
a ko je prišel, sta se prepirala glede blaga
and after a lot of trouble he came back as poor as before
in po mnogih težavah se je vrnil tako reven kot prej
he was within a couple of hours of his own house
bil je v nekaj urah od svoje hiše
and he already imagined the joy of seeing his children
in že si je predstavljal veselje, ko vidi svoje otroke
but when going through forest he got lost
ko pa je šel skozi gozd se je izgubil
it rained and snowed terribly
strašno je deževalo in snežilo
the wind was so strong it threw him off his horse
veter je bil tako močan, da ga je vrglo s konja
and night was coming quickly
in hitro je prihajala noč
he began to think that he might starve
začel je razmišljati, da bi lahko stradal
and he thought that he might freeze to death
in mislil je, da bi lahko zmrznil do smrti
and he thought wolves may eat him
in mislil je, da ga lahko volkovi pojedo
the wolves that he heard howling all round him
volkove, ki jih je slišal tuliti povsod okoli sebe

but all of a sudden he saw a light
a kar naenkrat je zagledal luč
he saw the light at a distance through the trees
videl je luč na daleč skozi drevje
when he got closer he saw the light was a palace
ko je prišel bliže, je videl, da je bila luč palača
the palace was illuminated from top to bottom
palača je bila osvetljena od zgoraj navzdol
the merchant thanked God for his luck
trgovec se je zahvalil bogu za svojo srečo
and he hurried to the palace
in pohitel je v palačo
but he was surprised to see no people in the palace
vendar je bil presenečen, da v palači ni videl ljudi
the court yard was completely empty
dvorišče je bilo popolnoma prazno
and there was no sign of life anywhere
in nikjer ni bilo znakov življenja
his horse followed him into the palace
njegov konj mu je sledil v palačo
and then his horse found large stable
in potem je njegov konj našel velik hlev
the poor animal was almost famished
uboga žival je bila skoraj lačna
so his horse went in to find hay and oats
zato je njegov konj šel noter iskat seno in oves
fortunately he found plenty to eat
na srečo je našel veliko hrane
and the merchant tied his horse up to the manger
in trgovec je svojega konja privezal k jasli
walking towards the house he saw no one
Ko je hodil proti hiši, ni videl nikogar
but in a large hall he found a good fire
a v veliki dvorani je našel dober ogenj
and he found a table set for one
in našel je pogrnjeno mizo za enega

he was wet from the rain and snow
bil je moker od dežja in snega
so he went near the fire to dry himself
zato se je približal ognju, da bi se posušil
"I hope the master of the house will excuse me"
"Upam, da mi bo gospodar hiše opravičil"
"I suppose it won't take long for someone to appear"
"Mislim, da ne bo trajalo dolgo, da se nekdo pojavi"
He waited a considerable time
Čakal je precej časa
he waited until it struck eleven, and still nobody came
čakal je, dokler ni odbilo enajst, pa še vedno nihče ni prišel
at last he was so hungry that he could wait no longer
končno je bil tako lačen, da ni mogel več čakati
he took some chicken and ate it in two mouthfuls
vzel je nekaj piščanca in ga pojedel v dveh ustih
he was trembling while eating the food
med jedjo hrane se je tresel
after this he drank a few glasses of wine
po tem je spil nekaj kozarcev vina
growing more courageous he went out of the hall
vedno bolj pogumen je odšel iz dvorane
and he crossed through several grand halls
in prečkal je več velikih dvoran
he walked through the palace until he came into a chamber
hodil je skozi palačo, dokler ni prišel v sobo
a chamber which had an exceeding good bed in it
komora, v kateri je bila nadvse dobra postelja
he was very much fatigued from his ordeal
bil je zelo utrujen od svoje preizkušnje
and the time was already past midnight
in ura je bila že čez polnoč
so he decided it was best to shut the door
zato se je odločil, da je najbolje, da zapre vrata
and he concluded he should go to bed
in sklenil je, da bi moral iti spat

It was ten in the morning when the merchant woke up
Ura je bila deset zjutraj, ko se je trgovec zbudil
just as he was going to rise he saw something
ravno ko je hotel vstati, je nekaj zagledal
he was astonished to see a clean set of clothes
bil je presenečen, ko je videl čist komplet oblačil
in the place where he had left his dirty clothes
na mestu, kjer je pustil svoja umazana oblačila
"certainly this palace belongs to some kind fairy"
"gotovo ta palača pripada kakšni vili"
"a fairy who has seen and pitied me"
" vila , ki me je videla in se mi smilila"
he looked through a window
pogledal je skozi okno
but instead of snow he saw the most delightful garden
a namesto snega je zagledal najčudovitejši vrt
and in the garden were the most beautiful roses
in na vrtu so bile najlepše vrtnice
he then returned to the great hall
nato se je vrnil v veliko dvorano
the hall where he had had soup the night before
dvorano, kjer je prejšnji večer jedel juho
and he found some chocolate on a little table
in našel je nekaj čokolade na mizici
"Thank you, good Madam Fairy," he said aloud
»Hvala, dobra gospa vila,« je rekel na glas
"thank you for being so caring"
"hvala, ker ste tako skrbni"
"I am extremely obliged to you for all your favours"
"Izredno sem vam hvaležen za vse vaše usluge"
the kind man drank his chocolate
prijazni moški je spil svojo čokolado
and then he went to look for his horse
potem pa je šel iskat svojega konja
but in the garden he remembered Beauty's request
a na vrtu se je spomnil lepotičine prošnje

and he cut off a branch of roses
in odrezal je vejo vrtnic
immediately he heard a great noise
takoj je zaslišal velik hrup
and he saw a terribly frightful Beast
in zagledal je strašno strašno zver
he was so scared that he was ready to faint
bil je tako prestrašen, da je bil pripravljen omedleti
"You are very ungrateful," said the Beast to him
»Zelo si nehvaležen,« mu je rekla zver
and the Beast spoke in a terrible voice
in zver je spregovorila s strašnim glasom
"I have saved your life by allowing you into my castle"
"Rešil sem ti življenje, ko sem te spustil v svoj grad"
"and for this you steal my roses in return?"
"in za to mi v zameno ukradeš vrtnice?"
"The roses which I value beyond anything"
"Vrtnice, ki jih cenim več kot vse"
"but you shall die for what you've done"
"ampak umrl boš za to, kar si naredil"
"I give you but a quarter of an hour to prepare yourself"
"Dajem ti samo četrt ure, da se pripraviš"
"get yourself ready for death and say your prayers"
"pripravite se na smrt in molite"
the merchant fell on his knees
trgovec je padel na kolena
and he lifted up both his hands
in je dvignil obe roki
"My lord, I beseech you to forgive me"
"Moj gospod, rotim te, da mi odpustiš"
"I had no intention of offending you"
"Nisem te imel namena užaliti"
"I gathered a rose for one of my daughters"
"Nabrala sem vrtnico za eno od svojih hčera"
"she asked me to bring her a rose"
"prosila me je, naj ji prinesem vrtnico"

"I am not your lord, but I am a Beast," replied the monster
"Nisem tvoj gospodar, sem pa zver," je odgovorila pošast
"I don't love compliments"
"Ne maram komplimentov"
"I like people who speak as they think"
"Rad imam ljudi, ki govorijo, kot mislijo"
"do not imagine I can be moved by flattery"
"ne predstavljajte si, da me lahko gane laskanje"
"But you say you have got daughters"
"A pravite, da imate hčere"
"I will forgive you on one condition"
"Odpustil ti bom pod enim pogojem"
"one of your daughters must come to my palace willingly"
"ena od tvojih hčera mora prostovoljno priti v mojo palačo"
"and she must suffer for you"
"in ona mora trpeti zate"
"Let me have your word"
"Pustite mi besedo"
"and then you can go about your business"
"in potem lahko nadaljuješ s svojim poslom"
"Promise me this:"
"Obljubi mi tole:"
"if your daughter refuses to die for you, you must return within three months"
"če tvoja hči noče umreti zate, se moraš vrniti v treh mesecih"
the merchant had no intentions to sacrifice his daughters
trgovec ni imel namena žrtvovati svojih hčera
but, since he was given time, he wanted to see his daughters once more
a ker je imel čas, je želel še enkrat videti svoje hčere
so he promised he would return
zato je obljubil, da se bo vrnil
and the Beast told him he might set out when he pleased
in zver mu je rekla, da se lahko odpravi, ko hoče
and the Beast told him one more thing
in zver mu je povedala še eno stvar

"you shall not depart empty handed"
"ne boš odšel praznih rok"
"go back to the room where you lay"
"pojdi nazaj v sobo, kjer si ležal"
"you will see a great empty treasure chest"
"videl boš veliko prazno skrinjo z zakladom"
"fill the treasure chest with whatever you like best"
"napolni skrinjo z zakladom, kar ti je najbolj všeč"
"and I will send the treasure chest to your home"
"in poslal vam bom skrinjo z zakladom na dom"
and at the same time the Beast withdrew
in hkrati se je zver umaknila
"Well," said the good man to himself
»No,« je rekel dobri mož sam pri sebi
"if I must die, I shall at least leave something to my children"
"če že moram umreti, bom vsaj nekaj pustil svojim otrokom"
so he returned to the bedchamber
zato se je vrnil v spalnico
and he found a great many pieces of gold
in našel je zelo veliko kosov zlata
he filled the treasure chest the Beast had mentioned
napolnil je zaklad, ki ga je omenila zver
and he took his horse out of the stable
in svojega konja je odpeljal iz hleva
the joy he felt when entering the palace was now equal to the grief he felt leaving it
veselje, ki ga je čutil, ko je vstopil v palačo, je bilo zdaj enako žalosti, ki jo je čutil, ko je odhajal iz nje
the horse took one of the roads of the forest
konj je šel po eni od gozdnih cest
and in a few hours the good man was home
in čez nekaj ur je bil dobri mož doma
his children came to him
njegovi otroci so prišli k njemu
but instead of receiving their embraces with pleasure, he

looked at them
ampak namesto da bi z užitkom sprejel njihove objeme, jih je pogledal
he held up the branch he had in his hands
dvignil je vejo, ki jo je imel v rokah
and then he burst into tears
nato pa je planil v jok
"Beauty," he said, "please take these roses"
"lepotica," je rekel, "prosim, vzemi te vrtnice"
"you can't know how costly these roses have been"
"ne moreš vedeti, kako drage so bile te vrtnice"
"these roses have cost your father his life"
"te vrtnice so tvojega očeta stale življenje"
and then he told of his fatal adventure
in potem je povedal o svoji usodni dogodivščini
immediately the two eldest sisters cried out
takoj sta zavpili najstarejši sestri
and they said many mean things to their beautiful sister
in svoji lepi sestri sta povedala veliko zlobnih stvari
but Beauty did not cry at all
lepota pa sploh ni jokala
"Look at the pride of that little wretch," said they
"Poglejte ponos tega malega bednika," so rekli
"she did not ask for fine clothes"
"ni zahtevala lepih oblačil"
"she should have done what we did"
"morala bi storiti, kar smo naredili mi"
"she wanted to distinguish herself"
"želela se je razlikovati"
"so now she will be the death of our father"
"torej bo zdaj ona smrt našega očeta"
"and yet she does not shed a tear"
"in vendar ne potoči solze"
"Why should I cry?" answered Beauty
"Zakaj bi jokal?" je odgovoril lepotec
"crying would be very needless"

"jokanje bi bilo zelo nepotrebno"
"my father will not suffer for me"
"moj oče ne bo trpel zame"
"the monster will accept of one of his daughters"
"pošast bo sprejela eno od njegovih hčera"
"I will offer myself up to all his fury"
"Ponudil se bom vsemu njegovemu besu"
"I am very happy, because my death will save my father's life"
"Zelo sem vesel, ker bo moja smrt rešila očetovo življenje"
"my death will be a proof of my love"
"moja smrt bo dokaz moje ljubezni"
"No, sister," said her three brothers
»Ne, sestra,« so rekli njeni trije bratje
"that shall not be"
"to ne bo"
"we will go find the monster"
"šel bova iskat pošast"
"and either we will kill him..."
"in ali ga bomo ubili ..."
"... or we will perish in the attempt"
"... ali pa bomo umrli v poskusu"
"Do not imagine any such thing, my sons," said the merchant
»Ne predstavljajte si česa takega, sinovi moji,« je rekel trgovec
"the Beast's power is so great that I have no hope you could overcome him"
"moč zveri je tako velika, da nimam upanja, da bi ga lahko premagal"
"I am charmed with Beauty's kind and generous offer"
"Očarana sem nad prijazno in velikodušno ponudbo lepotice"
"but I cannot accept to her generosity"
"vendar ne morem sprejeti njene velikodušnosti"
"I am old, and I don't have long to live"
"Star sem in nimam dolgo časa živeti"
"so I can only loose a few years"
"tako da lahko izgubim samo nekaj let"

"time which I regret for you, my dear children"
"čas, ki ga obžalujem za vas, moji dragi otroci"
"But father," said Beauty
"Ampak oče," je rekel lepotec
"you shall not go to the palace without me"
"ne greš v palačo brez mene"
"you cannot stop me from following you"
"ne moreš mi preprečiti, da ti sledim"
nothing could convince Beauty otherwise
nič ne more prepričati lepote drugače
she insisted on going to the fine palace
vztrajala je, da gre v lepo palačo
and her sisters were delighted at her insistence
in njene sestre so bile navdušene nad njenim vztrajanjem
The merchant was worried at the thought of losing his daughter
Trgovec je bil zaskrbljen ob misli, da bo izgubil hčer
he was so worried that he had forgotten about the chest full of gold
bil je tako zaskrbljen, da je pozabil na skrinjo, polno zlata
at night he retired to rest, and he shut his chamber door
ponoči se je umaknil k počitku in zaprl vrata svoje sobe
then, to his great astonishment, he found the treasure by his bedside
nato pa je na svoje veliko začudenje našel zaklad ob postelji
he was determined not to tell his children
bil je odločen, da svojim otrokom ne bo povedal
if they knew, they would have wanted to return to town
če bi vedeli, bi se želeli vrniti v mesto
and he was resolved not to leave the countryside
in bil je odločen, da ne bo zapustil podeželja
but he trusted Beauty with the secret
lepoti pa je zaupal skrivnost
she informed him that two gentlemen had came
sporočila mu je, da sta prišla dva gospoda
and they made proposals to her sisters

in so predlagali njenim sestram
she begged her father to consent to their marriage
rotila je očeta, naj privoli v njuno poroko
and she asked him to give them some of his fortune
in prosila ga je, naj jim da nekaj svojega bogastva
she had already forgiven them
jim je že odpustila
the wicked creatures rubbed their eyes with onions
hudobna bitja so si drgnila oči s čebulo
to force some tears when they parted with their sister
izsiliti solze ob razhodu s sestro
but her brothers really were concerned
toda njeni bratje so bili res zaskrbljeni
Beauty was the only one who did not shed any tears
lepota je bila edina, ki ni potočila nobene solze
she did not want to increase their uneasiness
ni želela povečati njihovega nelagodja
the horse took the direct road to the palace
konj je vzel direktno cesto do palače
and towards evening they saw the illuminated palace
in proti večeru so zagledali razsvetljeno palačo
the horse took himself into the stable again
konj se je spet odpeljal v hlev
and the good man and his daughter went into the great hall
in dobri mož in njegova hči sta šla v veliko dvorano
here they found a table splendidly served up
tukaj so našli čudovito postreženo mizo
the merchant had no appetite to eat
trgovec ni imel apetita za jesti
but Beauty endeavoured to appear cheerful
toda lepotica se je trudila videti vesela
she sat down at the table and helped her father
sedla je za mizo in pomagala očetu
but she also thought to herself:
pa si je tudi mislila:
"Beast surely wants to fatten me before he eats me"

"zver me hoče zrediti preden me poje"
"that is why he provides such plentiful entertainment"
"zato zagotavlja tako obilno zabavo"
after they had eaten they heard a great noise
ko so jedli, so zaslišali velik hrup
and the merchant bid his unfortunate child farewell, with tears in his eyes
in trgovec se je s solzami v očeh poslovil od svojega nesrečnega otroka
because he knew the Beast was coming
ker je vedel, da prihaja zver
Beauty was terrified at his horrid form
lepotica je bila prestrašena nad njegovo grozljivo obliko
but she took courage as well as she could
vendar se je opogumila, kolikor se je dalo
and the monster asked her if she came willingly
in pošast jo je vprašala, če je prišla rada
"yes, I have come willingly," she said trembling
»ja, prišla sem z veseljem,« je rekla trepetajoč
the Beast responded, "You are very good"
zver je odgovorila: "Zelo si dober"
"and I am greatly obliged to you; honest man"
"in zelo sem vam hvaležen; pošten človek"
"go your ways tomorrow morning"
"pojdi jutri zjutraj"
"but never think of coming here again"
"ampak nikoli več ne pomisli, da bi prišel sem"
"Farewell Beauty, farewell Beast," he answered
"Adijo lepotica, zbogom zver," je odgovoril
and immediately the monster withdrew
in takoj se je pošast umaknila
"Oh, daughter," said the merchant
"Oh, hči," je rekel trgovec
and he embraced his daughter once more
in še enkrat je objel hčer
"I am almost frightened to death"

"Skoraj sem na smrt prestrašen"
"believe me, you had better go back"
"verjemi mi, bolje, da greš nazaj"
"let me stay here, instead of you"
"naj ostanem tukaj, namesto tebe"
"No, father," said Beauty, in a resolute tone
"Ne, oče," je rekel lepotec z odločnim tonom
"you shall set out tomorrow morning"
"na pot se odpraviš jutri zjutraj"
"leave me to the care and protection of providence"
"prepusti me skrbi in varstvu previdnosti"
nonetheless they went to bed
kljub temu sta šla spat
they thought they would not close their eyes all night
mislili so, da vso noč ne bodo zatisnili očesa
but just as they lay down they slept
ampak ravno ko so se ulegli, so spali
Beauty dreamed a fine lady came and said to her:
Lepotica je sanjala, da je prišla dobra gospa in ji rekla:
"I am content, Beauty, with your good will"
"Zadovoljen sem, lepotica, s tvojo dobro voljo"
"this good action of yours shall not go unrewarded"
"to tvoje dobro dejanje ne bo ostalo nenagrajeno"
Beauty waked and told her father her dream
lepotica se je zbudila in povedala očetu svoje sanje
the dream helped to comfort him a little
sanje so ga nekoliko potolažile
but he could not help crying bitterly as he was leaving
vendar si ni mogel pomagati, da je bridko jokal, ko je odhajal
as soon as he was gone, Beauty sat down in the great hall and cried too
takoj ko je odšel, je lepotica sedla v veliko dvorano in tudi jokala
but she resolved not to be uneasy
vendar se je odločila, da ne bo nelagodna
she decided to be strong for the little time she had left to live

odločila se je, da bo močna za malo časa, ki ji je ostal
because she firmly believed the Beast would eat her
ker je trdno verjela, da jo bo zver požrla
however, she thought she might as well explore the palace
vseeno pa je pomislila, da bi prav tako lahko raziskala palačo
and she wanted to view the fine castle
in si je želela ogledati lepi grad
a castle which she could not help admiring
grad, ki si ga ni mogla pomagati občudovati
it was a delightfully pleasant palace
bila je čudovito prijetna palača
and she was extremely surprised at seeing a door
in bila je zelo presenečena, ko je zagledala vrata
and over the door was written that it was her room
in nad vrati je pisalo, da je to njena soba
she opened the door hastily
naglo je odprla vrata
and she was quite dazzled with the magnificence of the room
in bila je čisto zaslepljena nad veličastnostjo sobe
what chiefly took up her attention was a large library
kar je pritegnilo njeno pozornost predvsem velika knjižnica
a harpsichord and several music books
čembalo in več notnih knjig
"Well," said she to herself
»No,« je rekla sama pri sebi
"I see the Beast will not let my time hang heavy"
"Vidim, da zver ne bo pustila, da bi moj čas obležal"
then she reflected to herself about her situation
potem je pri sebi razmišljala o svoji situaciji
"If I was meant to stay a day all this would not be here"
"Če bi mi bilo namenjeno ostati en dan, vsega tega ne bi bilo tukaj"
this consideration inspired her with fresh courage
ta premislek ji je dal nov pogum
and she took a book from her new library

in vzela je knjigo iz svoje nove knjižnice
and she read these words in golden letters:
in prebrala je te besede z zlatimi črkami:
"Welcome Beauty, banish fear"
"Dobrodošla lepotica, preženi strah"
"You are queen and mistress here"
"Tu si kraljica in gospodarica"
"Speak your wishes, speak your will"
"Povej svoje želje, povej svojo voljo"
"Swift obedience meets your wishes here"
"Swift obedience tukaj izpolnjuje vaše želje"
"Alas," said she, with a sigh
"Ojej," je rekla z vzdihom
"Most of all I wish to see my poor father"
"Najbolj od vsega si želim videti svojega ubogega očeta"
"and I would like to know what he is doing"
"in rad bi vedel, kaj počne"
As soon as she had said this she noticed the mirror
Takoj, ko je to rekla, je opazila ogledalo
to her great amazement she saw her own home in the mirror
na svoje veliko začudenje je v ogledalu zagledala svoj dom
her father arrived emotionally exhausted
njen oče je prišel čustveno izčrpan
her sisters went to meet him
njene sestre so mu šle nasproti
despite their attempts to appear sorrowful, their joy was visible
kljub njihovim poskusom, da bi bili videti žalostni, je bilo njihovo veselje vidno
a moment later everything disappeared
trenutek kasneje je vse izginilo
and Beauty's apprehensions disappeared too
in tudi lepotni strahovi so izginili
for she knew she could trust the Beast
saj je vedela, da lahko zaupa zveri
At noon she found dinner ready

Opoldne je našla večerjo pripravljeno
she sat herself down at the table
sama je sedla za mizo
and she was entertained with a concert of music
in jo zabavali s koncertom glasbe
although she couldn't see anybody
čeprav ni videla nikogar
at night she sat down for supper again
ponoči je spet sedla k večerji
this time she heard the noise the Beast made
tokrat je slišala hrup, ki ga je povzročila zver
and she could not help being terrified
in ni si mogla pomagati, da bi bila prestrašena
"Beauty," said the monster
"lepotica," je rekla pošast
"do you allow me to eat with you?"
"mi dovolite jesti s tabo?"
"do as you please," Beauty answered trembling
"stori, kakor hočeš," je drhteče odgovorila lepotica
"No," replied the Beast
"Ne," je odgovorila zver
"you alone are mistress here"
"samo ti si tukaj gospodarica"
"you can send me away if I'm troublesome"
"lahko me pošlješ stran, če sem težaven"
"send me away and I will immediately withdraw"
"pošlji me stran in takoj se umaknem"
"But, tell me; do you not think I am very ugly?"
"Ampak, povej mi; ali ne misliš, da sem zelo grda?"
"That is true," said Beauty
"To je res," je rekel lepotec
"I cannot tell a lie"
"Ne morem lagati"
"but I believe you are very good natured"
"ampak verjamem, da si zelo dobre volje"
"I am indeed," said the monster

"Res sem," je rekla pošast
"But apart from my ugliness, I also have no sense"
"Ampak razen svoje grdote tudi nimam razuma"
"I know very well that I am a silly creature"
"Dobro vem, da sem neumno bitje"
"It is no sign of folly to think so," replied Beauty
"Ni znak neumnosti, če tako misliš," je odgovorila lepotica
"Eat then, Beauty," said the monster
"Potem jej, lepotec," je rekla pošast
"try to amuse yourself in your palace"
"poskusi se zabavati v svoji palači"
"everything here is yours"
"vse tukaj je tvoje"
"and I would be very uneasy if you were not happy"
"in bilo bi mi zelo neprijetno, če ne bi bil srečen"
"You are very obliging," answered Beauty
"Zelo ste ustrežljivi," je odgovorila lepotica
"I admit I am pleased with your kindness"
"Priznam, da sem vesel vaše prijaznosti"
"and when I consider your kindness, I hardly notice your deformities"
"in ko pomislim na vašo prijaznost, komaj opazim vaše deformacije"
"Yes, yes," said the Beast, "my heart is good
»Da, da,« je rekla zver, »moje srce je dobro
"but although I am good, I am still a monster"
"toda čeprav sem dober, sem še vedno pošast"
"There are many men that deserve that name more than you"
"Veliko moških si zasluži to ime bolj kot ti"
"and I prefer you just as you are"
"in te imam raje takšnega kot si"
"and I prefer you more than those who hide an ungrateful heart"
"in te imam raje kot tiste, ki skrivajo nehvaležno srce"
"if only I had some sense," replied the Beast
"Ko bi le imel malo pameti," je odgovorila zver

"if I had sense I would make a fine compliment to thank you"
"Če bi bil pameten, bi naredil dober kompliment v zahvalo"
"but I am so dull"
"ampak sem tako dolgočasen"
"I can only say I am greatly obliged to you"
"Lahko samo rečem, da sem vam zelo hvaležen"
Beauty ate a hearty supper
lepotica je pojedla obilno večerjo
and she had almost conquered her dread of the monster
in skoraj je premagala svoj strah pred pošastjo
but she wanted to faint when the Beast asked her the next question
vendar je hotela omedleti, ko ji je zver zastavila naslednje vprašanje
"Beauty, will you be my wife?"
"lepotica, boš moja žena?"
she took some time before she could answer
vzela je nekaj časa, preden je lahko odgovorila
because she was afraid of making him angry
ker se je bala, da bi ga razjezila
at last, however, she said "no, Beast"
na koncu pa je rekla "ne, zver"
immediately the poor monster hissed very frightfully
takoj je uboga pošast zelo strašno siknila
and the whole palace echoed
in vsa palača je odmevala
but Beauty soon recovered from her fright
toda lepotica si je kmalu opomogla od strahu
because Beast spoke again in a mournful voice
ker je zver spet spregovorila z žalostnim glasom
"then farewell, Beauty"
"potem pa zbogom, lepotica"
and he only turned back now and then
in le tu in tam se je obrnil nazaj
to look at her as he went out

da bi jo pogledal, ko je šel ven
now Beauty was alone again
zdaj je bila lepotica spet sama
she felt a great deal of compassion
čutila je veliko sočutja
"Alas, it is a thousand pities"
"Ojej, to je tisoč škoda"
"anything so good natured should not be so ugly"
"vse, kar je tako dobre narave, ne bi smelo biti tako grdo"
Beauty spent three months very contentedly in the palace
lepotica je preživela tri mesece zelo zadovoljna v palači
every evening the Beast paid her a visit
vsak večer jo je zver obiskala
and they talked during supper
in sta se pogovarjala med večerjo
they talked with common sense
govorili so po zdravi pameti
but they didn't talk with what people call wittiness
vendar niso govorili s tem, čemur ljudje pravijo duhovitost
Beauty always discovered some valuable character in the Beast
lepota je v zveri vedno odkrila nekaj dragocenega značaja
and she had gotten used to his deformity
in navadila se je na njegovo deformacijo
she didn't dread the time of his visit anymore
ni se več bala časa njegovega obiska
now she often looked at her watch
zdaj je pogosto pogledala na uro
and she couldn't wait for it to be nine o'clock
in komaj je čakala, da bo ura devet
because the Beast never missed coming at that hour
ker zver nikoli ni zamudila prihoda ob tisti uri
there was only one thing that concerned Beauty
samo ena stvar je zadevala lepoto
every night before she went to bed the Beast asked her the same question

vsak večer, preden je šla spat, jo je zver vprašala isto vprašanje
the monster asked her if she would be his wife
pošast jo je vprašala, ali bi bila njegova žena
one day she said to him, "Beast, you make me very uneasy"
Nekega dne mu je rekla: "Zver, zelo mi povzročaš nelagodje"
"I wish I could consent to marry you"
"Želim si, da bi se lahko poročil s teboj"
"but I am too sincere to make you believe I would marry you"
"ampak sem preveč iskren, da bi te prepričal, da bi se poročil s tabo"
"our marriage will never happen"
"najin zakon se ne bo nikoli zgodil"
"I shall always see you as a friend"
"Vedno te bom videl kot prijatelja"
"please try to be satisfied with this"
"prosim, poskusite biti zadovoljni s tem"
"I must be satisfied with this," said the Beast
»S tem moram biti zadovoljen,« je rekla zver
"I know my own misfortune"
"Poznam svojo nesrečo"
"but I love you with the tenderest affection"
"vendar te ljubim z najnežnejšo naklonjenostjo"
"However, I ought to consider myself as happy"
"Vendar bi se moral imeti za srečnega"
"and I should be happy that you will stay here"
"in moral bi biti vesel, da boš ostal tukaj"
"promise me never to leave me"
"obljubi mi, da me nikoli ne boš zapustil"
Beauty blushed at these words
lepota je ob teh besedah zardela
one day Beauty was looking in her mirror
nekega dne se je lepotica gledala v svoje ogledalo
her father had worried himself sick for her
njen oče je skrbel zanjo
she longed to see him again more than ever

hrepenela je po tem, da bi ga spet videla bolj kot kdaj prej
"I could promise never to leave you entirely"
"Lahko bi obljubil, da te ne bom nikoli povsem zapustil"
"but I have so great a desire to see my father"
"vendar imam tako veliko željo videti očeta"
"I would be impossibly upset if you say no"
"Neverjetno bi bil razburjen, če bi rekel ne"
"I had rather die myself," said the monster
"Raje sem umrl," je rekla pošast
"I would rather die than make you feel uneasiness"
"Raje bi umrl, kot da bi ti povzročil nelagodje"
"I will send you to your father"
"Poslal te bom k očetu"
"you shall remain with him"
"ostal boš z njim"
"and this unfortunate Beast will die with grief instead"
"in ta nesrečna zver bo namesto tega umrla od žalosti"
"No," said Beauty, weeping
"Ne," je rekla lepotica objokana
"I love you too much to be the cause of your death"
"Preveč te ljubim, da bi bil vzrok tvoje smrti"
"I give you my promise to return in a week"
"Obljubim ti, da se vrnem čez teden dni"
"You have shown me that my sisters are married"
"Pokazali ste mi, da sta moji sestri poročeni"
"and my brothers have gone to the army"
"in moji bratje so šli v vojsko"
"let me stay a week with my father, as he is alone"
"Naj ostanem en teden pri očetu, saj je sam"
"You shall be there tomorrow morning," said the Beast
"Jutri zjutraj boš tam," je rekla zver
"but remember your promise"
"ampak zapomni si svojo obljubo"
"You need only lay your ring on a table before you go to bed"
"Prstan moraš samo položiti na mizo, preden greš spat"

"and then you will be brought back before the morning"
"in potem te bodo pripeljali nazaj pred jutrom"
"Farewell dear Beauty," sighed the Beast
"Zbogom draga lepotica," je zavzdihnila zver
Beauty went to bed very sad that night
lepotica je šla tisto noč zelo žalostna spat
because she didn't want to see Beast so worried
ker ni hotela videti zveri tako zaskrbljena
the next morning she found herself at her father's home
naslednje jutro se je znašla na očetovem domu
she rung a little bell by her bedside
pozvonila je z zvončkom ob postelji
and the maid gave a loud shriek
in služkinja je glasno zavpila
and her father ran upstairs
in njen oče je tekel gor
he thought he was going to die with joy
mislil je, da bo umrl od veselja
he held her in his arms for quarter of an hour
četrt ure jo je držal v naročju
eventually the first greetings were over
končno je bilo prvih pozdravov konec
Beauty began to think of getting out of bed
lepotica je začela razmišljati, da bi vstala iz postelje
but she realized she had brought no clothes
vendar je ugotovila, da ni prinesla oblačil
but the maid told her she had found a box
vendar ji je služkinja povedala, da je našla škatlo
the large trunk was full of gowns and dresses
velik zaboj je bil poln halj in oblek
each gown was covered with gold and diamonds
vsaka obleka je bila prekrita z zlatom in diamanti
Beauty thanked Beast for his kind care
lepotica se je zveri zahvalila za njegovo prijazno nego
and she took one of the plainest of the dresses
in vzela je eno najpreprostejših oblek

she intended to give the other dresses to her sisters
druge obleke je nameravala dati svojim sestram
but at that thought the chest of clothes disappeared
a ob tej misli je skrinja z obleko izginila
Beast had insisted the clothes were for her only
zver je vztrajala, da so oblačila samo zanjo
her father told her that this was the case
oče ji je rekel, da je tako
and immediately the trunk of clothes came back again
in takoj se je prtljažnik z oblačili spet vrnil
Beauty dressed herself with her new clothes
lepotica se je oblekla v svoja nova oblačila
and in the meantime maids went to find her sisters
medtem pa so služkinje odšle iskat njene sestre
both her sister were with their husbands
obe njeni sestri sta bili s svojima možema
but both her sisters were very unhappy
toda obe njeni sestri sta bili zelo nesrečni
her eldest sister had married a very handsome gentleman
njena najstarejša sestra se je poročila z zelo čednim gospodom
but he was so fond of himself that he neglected his wife
vendar je bil sam sebi tako všeč, da je zanemarjal ženo
her second sister had married a witty man
njena druga sestra se je poročila z duhovitim moškim
but he used his wittiness to torment people
vendar je s svojo duhovitostjo mučil ljudi
and he tormented his wife most of all
najbolj pa je mučil svojo ženo
Beauty's sisters saw her dressed like a princess
lepotičine sestre so jo videle oblečeno kot princesa
and they were sickened with envy
in zboleli so od zavisti
now she was more beautiful than ever
zdaj je bila lepša kot kdajkoli
her affectionate behaviour could not stifle their jealousy
njeno ljubeče vedenje ni moglo zadušiti njihovega ljubosumja

she told them how happy she was with the Beast
povedala jim je, kako srečna je z zverjo
and their jealousy was ready to burst
in njihovo ljubosumje je bilo pripravljeno, da poči
They went down into the garden to cry about their misfortune
Spustili so se na vrt, da bi jokali o svoji nesreči
"In what way is this little creature better than us?"
"V čem je to malo bitje boljše od nas?"
"Why should she be so much happier?"
"Zakaj bi morala biti toliko bolj srečna?"
"Sister," said the older sister
»Sestra,« je rekla starejša sestra
"a thought just struck my mind"
"pravkar mi je padla misel"
"let us try to keep her here for more than a week"
"poskušajmo jo obdržati tukaj več kot en teden"
"perhaps this will enrage the silly monster"
"morda bo to razjezilo neumno pošast"
"because she would have broken her word"
"ker bi prelomila besedo"
"and then he might devour her"
"in potem bi jo lahko požrl"
"that's a great idea," answered the other sister
"to je odlična ideja," je odgovorila druga sestra
"we must show her as much kindness as possible"
"izkazati ji moramo čim več prijaznosti"
the sisters made this their resolution
sestre so se odločile za to
and they behaved very affectionately to their sister
in do svoje sestre so se obnašali zelo ljubeče
poor Beauty wept for joy from all their kindness
uboga lepotica je jokala od veselja zaradi vse njihove dobrote
when the week was expired, they cried and tore their hair
ko se je teden iztekel, so jokali in si trgali lase
they seemed so sorry to part with her

zdelo se jim je tako žal, da se ločijo od nje
and Beauty promised to stay a week longer
in lepotica je obljubila, da bo ostala teden dni dlje
In the meantime, Beauty could not help reflecting on herself
Medtem pa lepotica ni mogla pomagati razmišljanju o sebi
she worried what she was doing to poor Beast
skrbelo jo je, kaj počne ubogi zveri
she know that she sincerely loved him
ve, da ga je iskreno ljubila
and she really longed to see him again
in res si je želela, da bi ga spet videla
the tenth night she spent at her father's too
tudi deseto noč je preživela pri očetu
she dreamed she was in the palace garden
sanjala je, da je na vrtu palače
and she dreamt she saw the Beast extended on the grass
in sanjalo se ji je, da je videla zver, razširjeno na travi
he seemed to reproach her in a dying voice
zdelo se ji je očital z umirajočim glasom
and he accused her of ingratitude
in jo je obtožil nehvaležnosti
Beauty woke up from her sleep
lepotica se je prebudila iz spanja
and she burst into tears
in planila je v jok
"Am I not very wicked?"
"Ali nisem zelo hudoben?"
"Was it not cruel of me to act so unkindly to the Beast?"
"Ali ni bilo kruto od mene, da sem ravnal tako neprijazno do zveri?"
"Beast did everything to please me"
"zver je naredila vse, da bi mi ugodila"
"Is it his fault that he is so ugly?"
"Je on kriv, da je tako grd?"
"Is it his fault that he has so little wit?"
"Ali je on kriv, da ima tako malo pameti?"

"He is kind and good, and that is sufficient"
"Je prijazen in dober, in to zadostuje"
"Why did I refuse to marry him?"
"Zakaj sem zavrnila poroko z njim?"
"I should be happy with the monster"
"Moral bi biti zadovoljen s pošastjo"
"look at the husbands of my sisters"
"poglej moža mojih sester"
"neither wittiness, nor a being handsome makes them good"
"niti duhovitost, niti lepota jih ne naredi dobrih"
"neither of their husbands makes them happy"
"nobeden od mož jih ne osrečuje"
"but virtue, sweetness of temper, and patience"
"ampak krepost, prijaznost in potrpežljivost"
"these things make a woman happy"
"te stvari naredijo žensko srečno"
"and the Beast has all these valuable qualities"
"in zver ima vse te dragocene lastnosti"
"it is true; I do not feel the tenderness of affection for him"
"res je; ne čutim nežnosti naklonjenosti do njega"
"but I find I have the highest gratitude for him"
"vendar se mi zdi, da sem mu najbolj hvaležen"
"and I have the highest esteem of him"
"in jaz ga zelo cenim"
"and he is my best friend"
"in on je moj najboljši prijatelj"
"I will not make him miserable"
"Ne bom ga delala nesrečnega"
"If were I to be so ungrateful I would never forgive myself"
"Če bi bil tako nehvaležen, si ne bi nikoli odpustil"
Beauty put her ring on the table
lepotica je položila prstan na mizo
and she went to bed again
in spet je šla spat
scarce was she in bed before she fell asleep
komaj je bila v postelji, preden je zaspala

she woke up again the next morning
naslednje jutro se je spet zbudila
and she was overjoyed to find herself in the Beast's palace
in bila je presrečna, da se je znašla v palači zveri
she put on one of her nicest dress to please him
oblekla je eno svojih najlepših oblek, da bi mu ugodila
and she patiently waited for evening
in potrpežljivo je čakala na večer
at last the wished-for hour came
je prišla želena ura
the clock struck nine, yet no Beast appeared
ura je odbila devet, vendar se ni pojavila nobena zver
Beauty then feared she had been the cause of his death
lepotica se je takrat bala, da je bila vzrok njegove smrti
she ran crying all around the palace
jokajoča je tekla po vsej palači
after having sought for him everywhere, she remembered her dream
potem ko ga je iskala povsod, se je spomnila svojih sanj
and she ran to the canal in the garden
in stekla je do kanala na vrtu
there she found poor Beast stretched out
tam je našla ubogo zver raztegnjeno
and she was sure she had killed him
in bila je prepričana, da ga je ubila
she threw herself upon him without any dread
brez strahu se je vrgla nanj
his heart was still beating
srce mu je še vedno utripalo
she fetched some water from the canal
je prinesla nekaj vode iz kanala
and she poured the water on his head
in zlila mu je vodo na glavo
the Beast opened his eyes and spoke to Beauty
zver je odprla oči in spregovorila lepotici
"You forgot your promise"

"Pozabil si na obljubo"
"I was so heartbroken to have lost you"
"Tako me je strlo srce, da sem te izgubil"
"I resolved to starve myself"
"Odločil sem se, da bom stradal"
"but I have the happiness of seeing you once more"
"vendar imam srečo, da te še enkrat vidim"
"so I have the pleasure of dying satisfied"
"torej imam veselje umreti zadovoljen"
"No, dear Beast," said Beauty, "you must not die"
"Ne, draga zver," je rekla lepotica, "ne smeš umreti"
"Live to be my husband"
"Živi, da boš moj mož"
"from this moment I give you my hand"
"od tega trenutka ti podajam roko"
"and I swear to be none but yours"
"in prisežem, da bom le tvoj"
"Alas! I thought I had only a friendship for you"
"Ojej! Mislil sem, da imam zate samo prijateljstvo"
"but the grief I now feel convinces me;"
"toda žalost, ki jo zdaj čutim, me prepriča;"
"I cannot live without you"
"Ne morem živeti brez tebe"
Beauty scarce had said these words when she saw a light
redka lepotica je izrekla te besede, ko je zagledala luč
the palace sparkled with light
palača se je iskrila od svetlobe
fireworks lit up the sky
ognjemet je razsvetlil nebo
and the air filled with music
in zrak poln glasbe
everything gave notice of some great event
vse je kazalo na neki velik dogodek
but nothing could hold her attention
a nič ni moglo zadržati njene pozornosti
she turned to her dear Beast

se je obrnila k svoji dragi živali
the Beast for whom she trembled with fear
zver , za katero je trepetala od strahu
but her surprise was great at what she saw!
vendar je bilo njeno presenečenje nad tem, kar je videla, veliko!
the Beast had disappeared
zver je izginila
instead she saw the loveliest prince
namesto tega je videla najlepšega princa
she had put an end to the spell
končala je urok
a spell under which he resembled a Beast
urok, pod katerim je bil podoben zveri
this prince was worthy of all her attention
ta princ je bil vreden vse njene pozornosti
but she could not help but ask where the Beast was
vendar si ni mogla kaj, da ne bi vprašala, kje je zver
"You see him at your feet," said the prince
"Vidiš ga pri svojih nogah," je rekel princ
"A wicked fairy had condemned me"
"Hudobna vila me je obsodila"
"I was to remain in that shape until a beautiful princess agreed to marry me"
"V taki formi sem moral ostati, dokler se lepa princesa ne bo strinjala, da se poroči z mano"
"the fairy hid my understanding"
"vila je skrila moje razumevanje"
"you were the only one generous enough to be charmed by the goodness of my temper"
"ti si bil edini dovolj radodaren, da te je očarala dobrota mojega temperamenta"
Beauty was happily surprised
lepotica je bila veselo presenečena
and she gave the charming prince her hand
in očarljivemu princu je podala roko

they went together into the castle
skupaj sta šla v grad
and Beauty was overjoyed to find her father in the castle
in lepotica je bila presrečna, ko je našla očeta v gradu
and her whole family were there too
in tudi njena cela družina je bila tam
even the beautiful lady that appeared in her dream was there
celo lepa dama, ki se je pojavila v njenih sanjah, je bila tam
"Beauty," said the lady from the dream
"lepotica," je rekla gospa iz sanj
"come and receive your reward"
"pridi in prejmi svojo nagrado"
"you have preferred virtue over wit or looks"
"daš prednost vrlini kot pameti ali videzu"
"and you deserve someone in whom these qualities are united"
"in zaslužiš si nekoga, v katerem so te lastnosti združene"
"you are going to be a great queen"
"velika kraljica boš"
"I hope the throne will not lessen your virtue"
"Upam, da prestol ne bo zmanjšal vaše vrline"
then the fairy turned to the two sisters
tedaj se je vila obrnila k obema sestrama
"I have seen inside your hearts"
"Videl sem v vaših srcih"
"and I know all the malice your hearts contain"
"in poznam vso zlobo v vaših srcih"
"you two will become statues"
"vidva bosta postala kipa"
"but you will keep your minds"
"vendar boste ohranili svoje misli"
"you shall stand at the gates of your sister's palace"
"stal boš pred vrati palače svoje sestre"
"your sister's happiness shall be your punishment"
"sreča tvoje sestre bo tvoja kazen"
"you won't be able to return to your former states"

"ne boš se mogel vrniti v prejšnja stanja"
"unless, you both admit your faults"
"razen če oba priznata svoje napake"
"but I am foresee that you will always remain statues"
"ampak predvidevam, da boste vedno ostali kipi"
"pride, anger, gluttony, and idleness are sometimes conquered"
"Ponos, jeza, požrešnost in brezdelje so včasih premagani"
"but the conversion of envious and malicious minds are miracles"
" toda spreobrnitev zavistnih in zlonamernih umov so čudeži"
immediately the fairy gave a stroke with her wand
vila je takoj udarila s palico
and in a moment all that were in the hall were transported
in v trenutku so bili vsi, ki so bili v dvorani, prepeljani
they had gone into the prince's dominions
odšli so v knežje oblasti
the prince's subjects received him with joy
knežji podložniki so ga sprejeli z veseljem
the priest married Beauty and the Beast
duhovnik je poročil lepotico in zver
and he lived with her many years
in z njo je živel mnogo let
and their happiness was complete
in njihova sreča je bila popolna
because their happiness was founded on virtue
ker je njihova sreča temeljila na kreposti

The End
Konec

www.tranzlaty.com

www.ingramcontent.com/pod-product-compliance
Lightning Source LLC
Chambersburg PA
CBHW012014090526
44590CB00026B/3997